Sabrina Heigl

Zivilrecht, Öffentliches Recht oder Strafrecht: Welches Rechtsgebiet ist am wichtigsten?

GRIN Verlag

Bibliografische Information der Deutschen Nationalbibliothek:

Die Deutsche Bibliothek verzeichnet diese Publikation in der Deutschen National-
bibliografie; detaillierte bibliografische Daten sind im Internet über http://dnb.d-
nb.de/ abrufbar.

Impressum:

Copyright © 2010 GRIN Verlag GmbH
Druck und Bindung: Books on Demand GmbH, Norderstedt Germany
ISBN: 978-3-656-34743-9

Dieses Buch bei GRIN:

http://www.grin.com/de/e-book/207353/zivilrecht-oeffentliches-recht-oder-strafrecht-
welches-rechtsgebiet-ist

GRIN - Your knowledge has value

Der GRIN Verlag publiziert seit 1998 wissenschaftliche Arbeiten von Studenten, Hochschullehrern und anderen Akademikern als eBook und gedrucktes Buch. Die Verlagswebsite www.grin.com ist die ideale Plattform zur Veröffentlichung von Hausarbeiten, Abschlussarbeiten, wissenschaftlichen Aufsätzen, Dissertationen und Fachbüchern.

Besuchen Sie uns im Internet:

http://www.grin.com/

http://www.facebook.com/grincom

http://www.twitter.com/grin_com

Fachhochschule für angewandtes Management in Erding
Wirtschaftsrecht
Wintersemester 2010/2011
Teilmodul: Einführung in das Recht und in das Studium Wirtschaftsrecht

Studienarbeit

Zivilrecht, Öffentliches Recht oder Strafrecht:

Welches Rechtsgebiet ist am wichtigsten?

vorgelegt von

Sabrina Heigl

Tag der Einreichung:
20.12.2010

Inhaltsverzeichnis

1. Einleitung

Um herauszufinden welches Rechtsgebiet in Deutschland am wichtigsten ist, werden erst einmal die Rechtsgebiete Zivilrecht, Öffentliches Recht und Strafrecht einzeln betrachtet. Angefangen wird dabei mit dem Zivilrecht. Um einen besseren Bezug zu diesem Recht zu bekommen wird anhand des Bürgerlichen Gesetzbuches die Entstehung und der Aufbau beschrieben. Weiter soll ein Überblick über das Öffentliche Recht bezüglich der Entwicklung des Grundgesetzes, sowie dem Aufbau der Staatsorganisation geschaffen werden. Zusätzlich wird noch die Geschichte des Strafrechts sowie der Aufbau genauer dargestellt.

2. Zivilrecht

Das deutsche Recht unterscheidet einerseits zwischen Privatrecht und andererseits zwischen dem Öffentlichen Recht. Das Privatrecht, auch Zivilrecht genannt, regelt die Rechtsbeziehungen der Menschen untereinander. Es legt fest, welche Rechte, Pflichten, Freiheiten und Risiken die Menschen zueinander haben.[1] Beim Zivilrecht unterscheidet man zwischen dem allgemeinen Privatrecht und dem Sonderprivatrecht. Als allgemeines Privatrecht wird das Bürgerliche Gesetzbuch und seine Nebengesetze, z.B. Produkthaftungsgesetz oder Wohnungseigentumsgesetz, bezeichnet. Zu den Sonderprivatrechten gehört unteranderem das Handels-, Gesellschaft- und Arbeitsrecht. Diese entstanden aus dem Bürgerlichen Gesetzbuch heraus, als Folge der sozialen, technischen und wirtschaftlichen Entwicklung.[2]

2.1. Entstehung des Bürgerlichen Gesetzbuches

Warum wurde überhaupt ein Bürgerliches Gesetzbuch geschaffen? Dies lässt sich leicht aus der damaligen Situation erklären. Deutschland war im 19. Jahrhundert in viele einzelne Länder zersplittert, die alle verschiedene Privatrechtsordnungen hatten. Diese Rechtszersplitterung widersprach nicht nur dem Nationalgefühl, sondern behinderte auch die Industrie und den Handel. Der Wunsch nach einem einheitlichen, allgemeinen deutschen Zivilrecht wurde immer größer. Diese Vereinheitlichung war aber erst nach der Reichsgründung 1871 möglich. 1874 wurde schon die sogenannte „erste Komission"

---

[1] Vgl. Bürgerliches Gesetzbuch, (2010). 66. Auflage, Seite IX
[2] Vgl. Bürgerliches Gesetzbuch, (2010). 66. Auflage, Seite IX-X

eingesetzt, die einen Entwurf ausarbeiten sollte. Diese bestand aus Ministerialbeamte, Richter und Professoren, die vom Reichstag eingesetzt wurden.[3] Erst nach 13 Jahren, also 1887, legten sie den ersten Entwurf vor. Dieser Entwurf wurde stark kritisiert, da er „zu umständlich, zu volksfern, zu wenig sozial"[4] sei. 1890 wurde eine neue Komission eingesetzt, bei der nicht nur Juristen teilnahmen, sondern auch Bankier und Landwirte. 1895 legten diese einen weiteren Entwurf vor, der der Endfassung schon sehr ähnlich war. Nach einer kurzen Beratung wurde schließlich das Gesetz am 18.08.1896 vom Kaiser unterschrieben und trat am 01.01.1900 als Bürgerliches Gesetzbuch in Kraft.[5]

3.2. Aufbau und Inhalt des Bürgerlichen Gesetzbuches

Das Bürgerliche Gesetzbuch gliedert sich in 5 Bücher : den Allgemeinen Teil (§ 1- 240), das Recht der Schuldverhältnisse (§ 241 – 853), das Sachenrecht (§ 854 – 1296), das Familienrecht (§ 1297 – 1921) und das Erbrecht (§ 1922 – 2385). Diese Aufteilung entstand aus der Pandektenwissenschaft des 19. Jahrhunderts.[6]

Im Allgemeinen Teil werden die Grundbegriffe festgelegt. Darin enthalte sind Vorschriften über natürliche und juristische Personen, Sachen, Rechtsgeschäfte, Fristen und Termine, Anspruchsverjährung, Rechtsausübung und Sicherheitsleistung. Im zweiten Buch, dem Schuldrecht, sind unteranderem verpflichtende Verträge, wie Kaufverträge, Mietverträge oder Dienstverträge sowie Schenkungen geregelt. Beim Sachenrecht werden die Begriffe Eigentum und Besitz genauer definiert und unterschieden. „Das Familienrecht regelt im 1. Abschnitt über die „Bürgerliche Ehe" die mit der Eheschließung und Eheführung zusammenhängenden Fragen, angefangen vom Verlöbnis bis hin zur Scheidung. Dabei ist insbesondere den vermögensrechtlichen Fragen in der Ehe (eheliche Güterrecht) und nach der Ehescheidung (Unterhalt und Versorgungsausgleich) Aufmerksamkeit geschenkt.(…) Im 2. Abschnitt über die „Verwandtschaft" (§§ 1589 ff.) wird das Verhältnis zwischen Eltern und Kind und die „Annahme als Kind" (Adoption) geregelt. (…) Der 3. Abschnitt enthält Regelungen über die „Vormundschaft" (§§ 1773 ff.), die „rechtliche Betreuung" (§§ 1896 ff.) und die„Pflegschaft" (§§ 1909 ff.)."[7] Das Erbrecht Vorschriften über Erbfolge, Testament, Erbteil usw.[8]

[3] Vgl. Bürgerliches Gesetzbuch, (2010). 66. Auflage, Seite XI
[4] Bürgerliches Gesetzbuch, Einführung, S. XII
[5] Vgl. http://www.vanvliet.de/bgbentst.htm
[6] Vgl. http://de.wikipedia.org/wiki/BGB
[7] Bürgerliches Gesetzbuch, (2010). 66. Auflage, Seite XIX - XX
[8] Vgl. http://de.wikipedia.org/wiki/BGB

3. Öffentliches Recht

Das Öffentliche Recht regelt die Beziehungen einzelner Personen zum Staat, sowie das Verhältnis der staatlichen Organe untereinander. Es umfasst eine große Reihe an Gesetzen wie zum Beispiel das Verfassungsrecht, das jedem anderen deutschen Recht übergeordnet ist und die Organisation der staatlichen Gewalt regelt, sowie die individuelle Freiheit des Menschen bietet. Daneben gibt es noch das Verwaltungsrecht, das Steuerrecht und das Prozessrecht.[9]

3.1. Entstehung des Grundgesetzes

Im 19. Jahrhundert wurde der Wunsch nach Volkssouveränität immer größer. Als Folge daraus wurde 1848 die Paulskirchenversammlung gewählt und die schwarz-rot-goldene Fahne, welche für ein freies und demokratisches Deutschland galt, gehisst. Es dauerte dennoch eine weile bis man den Fürsten die verfassungsgebende Gewalt entreißen konnte. Nach den Wahlen am 19. Januar trat eine Nationalversammlung am 6. Februar 1919 in Weimar zusammen, um eine neue Verfassung auszuarbeiten. Am 11. August 1919 trat durch den Reichspräsidenten die Weimarer Reichsverfassung in Kraft. Hitler setzte diese Verfassung schließlich 1933 wieder außer Kraft. Als der zweite Weltkrieg vorbei war, konnte dennoch keine neue Nationalversammlung gewählt werden, da Deutschland in vier Besatzungszonen geteilt war und von Alliierten besetzt wurde. Doch die Alliierten wollten 1948, dass die Deutschen eine neue Verfassung bekommen.[10] Sie wünschten sich von den Ministerpräsidenten eine Ausarbeitung einer Verfassung für den Weststaat, da sie Deutschland als Bundesgenossen gegen den Kommunismus und die Sowjetunion sahen. Eine Versammlung sollte schließlich vom Volk gewählt werden und die Verfassung vom Volk angenommen werden. Doch die Ministerpräsidenten lehnten dies ab, da sie mit einer baldigen Einigung mit der sowjetischen Besatzungszone hofften und somit mit der Widerherstellung eines deutschen Staates rechneten. Dann wäre schließlich wieder eine neue Verfassung nötig, also sollte es sich bei der jetzigen Verfassung nur um eine Zwischenlösung handeln. So wurde eine verfassungsgebende Versammlung, der „parlamentarischen Rat" einberufen, die die Verfassung, „das Grundgesetz" ausarbeiteten.[11] „Mit dem Grundgesetz verbinden die Deutschen seitdem die Rückkehr in den Kreis der zivilisierten Nationen, aber auch

---

[9] Vgl. http://de.wikipedia.org/wiki/%C3%96ffentliches_Recht
[10] Vgl. Grundgesetz, (2010). 42. Auflage, S. VII - VIII
[11] Vgl. http://www.derweg.org/deutschland/geschichte/grundgesetz.html

persönliche Freiheit, Gleichheit vor dem Gesetz, Demokratie, geordnete, gesetzgebundene Verwaltung, unabhängige Rechtsprechung und soziale Gerechtigkeit."[12]

[13]3.2. Prinzip und System der Staatsorganisation

In Artikel 20 GG sind die Verfassungsprinzipien der Bundesrepublik Deutschland festgehalten: Republik, Demokratie, Rechtsstaat, Sozialstaat und Bundesstaat. Diese Prinzipien sind gekennzeichnet durch wechselseitige Beeinflussung und gegenseitige Begrenzung.

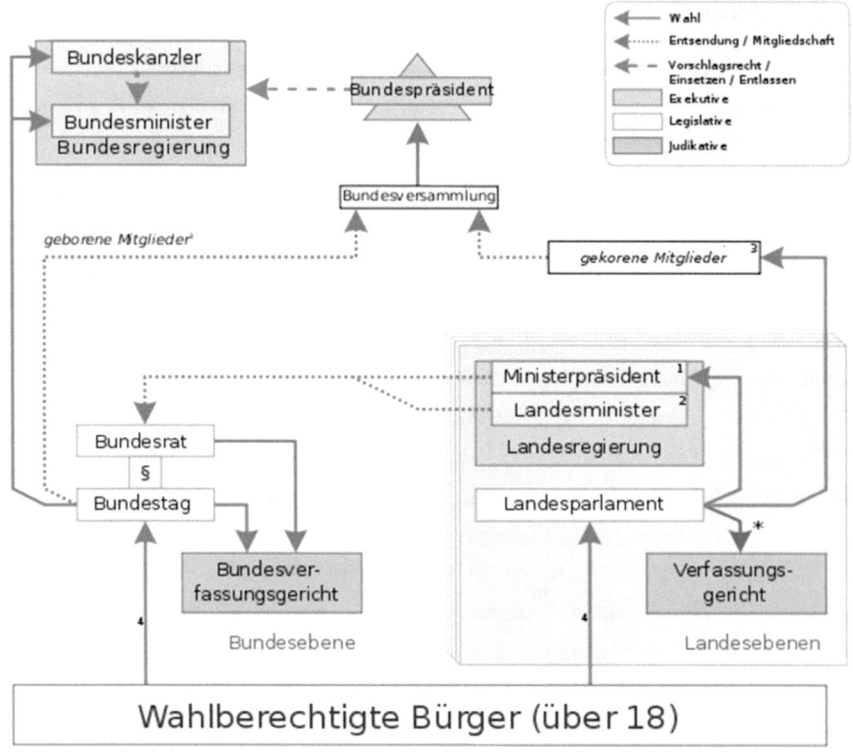

1 Der Regierungschef der Stadtstaaten wird in Bremen Bürgermeister, in Hamburg Erster Bürgermeister und in Berlin Regierender Bürgermeister genannt.
2 In den Stadtstaaten werden die Landesminister Senatoren genannt, in Bayern werden sie Staatsminister genannt.
3 Vom Landesparlament gewählte Vertreter des Volkes. Diese müssen nicht dem Landesparlament angehören. Außerdem sind alle Mitglieder des Bundestags Mitglieder der Bundesversammlung.
4 Die Wahlen sind allgemein, frei, geheim, unmittelbar und gleich.
* Je nach Bundesland existieren unterschiedliche Regelungen zur Bestimmung der Mitglieder des Verfassungsgerichtes auf Landesebene.

---

[12] Grundgesetzt, (2010). 42. Auflage, S. VIII
[13] Abbildung 1: http://de.wikipedia.org/wiki/Grundgesetz_f%C3%BCr_die_Bundesrepublik_Deutschland

Oberstes Organ der Legislative ist der Bundestag. Seine Abgeordneten werden in allgemeinen, freien, gleichen, unmittelbaren und geheimen Wahlen vom volljährigen Volk alle vier Jahre gewählt. Die Abgeordneten sind Vertreter des ganzen Volkes und von keinem anderen Verfassungsorgan abhängig. Der Bundestag wählt seinen Bundestagspräsidenten, der das Hausrecht und die Polizeigewalt im Gebäude des Bundestages ausübt.[14]

Der Bundesrat ist die Ländervertretung. Mit ihm sind die Länder an der Gesetzgebung des Bundes beteiligt. Je nach Größe verfügen die Länder über mindestens drei Stimmen im Bundesrat. Ihr Bundesratspräsident wird jedes Jahr neu gewählt.[15]

Das Staatsoberhaupt, der Bundespräsident, wird von der Bundesversammlung gewählt, die aus den Abgeordneten des Bundestags und einer gleichen Zahl von den Volksvertretungen der Länder bestehen. Seine Amtszeit beträgt fünf Jahre, eine einmalige Wiederwahl ist möglich. Der Bundespräsident muss sein vierzigstes Lebensjahr vollendet haben, deutsch sein und darf kein Gewerbe oder anderen Beruf ausüben. Er hat vor allem repräsentative Aufgaben, er vertritt die Bundesrepublik völkerrechtlich und schließt Verträge mit anderen Staaten. Von ihm werden die Bundesrichter, die Bundesbeamten, die Offiziere und Unteroffiziere ernannt und entlassen.[16]

Der Bundestag wählt den Bundeskanzler, der nur durch die Wahl eines neuen Kanzlers gestürzt werden kann. Der Bundeskanzler und die von ihm vorgeschlagenen Minister und Staatssekretäre werden vom Bundespräsidenten ernannt. Sie bilden die Bundesregierung. Innerhalb dieser Exekutive hat der Bundeskanzler die Richtlinienkompetenz. Der Bundeskanzler und die Bundesminister müssen vor Amtsantritt den in Artikel 56 vorgesehenen Eid leisten: „Ich schwöre, daß ich meine Kraft dem Wohle des deutschen Volkes widmen, seinen Nutzen mehren, Schaden von ihm wenden, das Grundgesetz und die Gesetze des Bundes wahren und verteidigen, meine Pflichten gewissenhaft erfüllen und Gerechtigkeit gegen jedermann üben werde. So wahr mir Gott helfe."[17] Ein Bundesminister wird vom Bundeskanzler als Stellvertreter gewählt.[18]

---

[14] Vgl. Grundgesetz, (2010). 42. Auflage, Artikel 38 ff.
[15] Vgl. Grundgesetz, (2010). 42. Auflage, Artikel 50 ff.
[16] Vgl. Grundgesetz, (2010). 42. Auflage, Artikel 54 ff.
[17] Grundgesetz, (2010). 42. Auflage, Artikel 56
[18] Vgl. Grundgesetz, (2010). 42. Auflage, Artikel 62 ff.

Das Bundesverfassungsgericht wacht über die Einhaltung der rechtsstaatlichen Ordnung in Deutschland. Mit seiner Entscheidung bindet die Judikative alle anderen staatlichen Organe.[19] Bundestag und Bundesrat wählen je zur Hälfte Richter in das Bundesverfassungsgericht.[20]

4. Strafrecht

„Das Strafrecht bezeichnet den Teil der Rechtsordnung, der die Voraussetzungen, die einzelnen Merkmale und Folgen strafbaren Verhaltens festlegt."[21] Es regelt das menschliche Zusammenleben und beinhaltet die wichtigsten Grundregeln für ein soziales Verhalten.[22]

Das Strafrecht kann sowohl dem Öffentlichen Recht als auch dem Zivilrecht zugeordnet werden. Wenn zum Beispiel ein Bußgeld erhoben wird, dann steht der Staat befehlend dem Bürger gegenüber und somit entsteht ein Unter- bzw. Überordnungsprinzip, wie beim Öffentlichen Recht. Wenn aber ein Bürger gegen eine Rechtsfolge verstößt und von einem anderen Bürger verklagt wird dann herrscht ihr das Prinzip der Gleichordnung, wie beim Zivilrecht und die Rechtsfolge ist meistens Schadenersatz.[23]

4.1. Entstehung des Strafrechts

Das deutsche Strafrecht stammt aus dem Deutschen Reich und trat erstmals am 15.5.1871 in Kraft. Das Buch wurde im Laufe der Zeit den aktuellen Bedürfnissen angepasst, hat aber bis heute seine Grundstruktur erhalten. Damalige Reformen und Novellen haben das Gesetz in unterschiedlicher Weise beeinflusst. Die allgemeinen Regeln haben ihren Ursprung im zweiten Strafrechtsreformgesetz von 1875. Dieses Gesetz verbesserte den ursprünglichen Text des Reichsstrafgesetzbuches, welchem Erkenntnisse der Strafrechtswissenschaften zu Straftat, Rechtfertigung, Schuld und Versuch fehlte. Die strafrechtlichen Sanktionen haben sich im Laufe der Jahre erheblich verändert. Früher stand die Freiheitsstrafe neben der Todesstrafe im Mittelpunkt des Sanktionensystems. Seit 1921 wurden nach und nach mehrerer Gesetze beschlossen, die die Geldstrafe als Alternative in Betracht zog. Heute sind 80 % aller verhängten Strafen Geldstrafen.

---

[19] Vgl. http://www.bundesverfassungsgericht.de/organisation/aufgaben.html
[20] Vgl. Grundgesetz, (2010). 42. Auflage, Artikel 94 Absatz 1
[21] Arbeitsfolie Strafrecht, Herr Dr. Böh
[22] Vgl. Strafgesetzbuch, (2009). 47. Auflage, Seite IX
[23] Vgl. Arbeitsfolie Strafrecht, Herr Dr. Böh

Seit 1933 wurde durch das Gewohnheitsverbrechergesetz versucht, unabhängig von der Schuld des Straftäters, die fortdauernde Gefährlichkeit durch Maßregeln zu bekämpfen. Zu solchen Maßregeln gehören zum Beispiel Entziehung der Fahrerlaubnis, Sicherungsverwahrung oder Unterbringung in einem psychiatrischen Krankenhaus. Die Todesstrafe wurde nach dem Missbrauch in der NS-Zeit abgeschafft. Einen gewissen Rückschritt brachte die Sanktionspolitik 1990 zur Bekämpfung organisierter Kriminalität. Als Instrument wurde damals die Vermögensstrafe eingeführt, die inzwischen als verfassungswidrig wieder aufgehoben wurde.

Der Besondere Teil des Strafgesetzbuches hat sich im Laufe der Jahre erheblich verändert. Delikte wie zum Beispiel Blasphemie, Ehebruch oder Unzucht mit Tieren wird heute nicht mehr als Straftat angesehen und deshalb aus dem Gesetz entfernt. Neu hinzugefügt wurden Straftaten, die man damals noch nicht vorhersehen konnte, wie zum Beispiel Computerbetrug oder Umgang mit radioaktiven Stoffen. Neu reformiert wurde 1970 das Strafvollzugsrecht, welches die freiheitsentziehenden Maßregeln der Besserung und Sicherung regelte. Oberstes Ziel des Strafvollzugsgesetzes war die Resozialisierung der Gefangenen. Ausgang, Freigang oder Urlaub sollten diesem Ziel dienen.[24]

4.2. Aufbau und Inhalt des Strafgesetzbuches

Das Strafgesetzbuch gliedert sich in zwei Teile. Der Allgemeine Teil beinhaltet allgemeine Voraussetzungen der Strafbarkeit, Rechtsfolgen der Tat und Verjährung. An oberster Stelle steht der Gesetzlichkeitsgrundsatz, welcher die Selbstbeschränkung der staatlichen Strafgewalt darlegt.[25] Gemäß Artikel 103 GG wird besagt, „Eine Tat kann nur bestraft werden, wenn die Strafbarkeit gesetzlich bestimmt war, bevor die Tat begangen wurde."[26]

Der Allgemeine Teil gliedert sich wiederum in 5 Abschnitte. Der 1. Abschnitt (§1-12) enthält Bestimmungen über die Geltungsbereiche im deutschen Strafrecht. Im 2. Abschnitt (§ 13-37) werden die Grundlagen der Strafbarkeit geregelt. Der 3. Abschnitt (§ 38-76 a) bestimmt welche Rechtsfolgen eine Tat haben kann. Im 4. und 5. Abschnitt werden allgemeine Vorschriften über Strafantrag, Ermächtigung, Strafverlangen und Verjährung behandelt.[27]

---

[24] Vgl. Strafgesetzbuch, (2009). 47. Auflage, Seite XV-XVII
[25] Vgl. http://de.wikipedia.org/wiki/Strafgesetzbuch_(Deutschland)
[26] Grundgesetz, (2010). 42. Auflage, Artikel 103 Abs. 2
[27] Vgl. Arbeitsfolie Strafrecht, Herr Dr. Böh

Der Besondere Teil hat seinen Aufbau seit 1871 im Wesentlichen beibehalten. Von einer systematischen Gliederung kann man hier nicht sprechen.[28] Dieser enthält Straftatbestände und die dazugehörigen Strafen. In den ersten fünf Abschnitten (§ 80-109 k) werden politische Straftaten behandelt, dass heißt Delikte, die sich unmittelbar gegen den Staat wenden. In den beiden nächsten Abschnitten (§ 111-145d) sind Straftaten gegen die öffentliche Ordnung enthalten. Zu solchen Straftaten gehören zum Beispiel Volksverhetzung (§ 130), Hausfriedensbruch (§ 123) oder Gefangenenbefreiung (§ 120). Im 8. Abschnitt (§ 146-152b) werden die Geld – und Wertzeichenfälschungen und im 9. und 10. Abschnitt (§ 153-168) Meineid und falsche Verdächtigungen zusammengefasst. In den nächsten 7 Abschnitten (§ 169-241a) geht es um private Straftaten, wie zum Beispiel gegen die Familie, gegen sexuelle Selbstbestimmung oder körperliche Unversehrtheit. In den Abschnitten 19. bis 21. (§ 242-262) geht es um Eigentumsdelikte wie Diebstahl, Raub, Erpressung und Hehlerei. Weiter werden in den Abschnitten 22. bis 26 (§ 263-302) Straftaten gegen die Wirtschaft dargelegt wie zum Beispiel Betrug, Urkundenfälschung, Insolvenzstraftaten und unerlaubtes Glücksspiel. Zum Schluss werden in den letzten 4 Abschnitten (§ 303-358) sonstige Straftaten wie Sachbeschädigung, gemeingefährliche Straftaten, Straftaten gegen Umwelt und Straftaten im Amt dargelegt.[29]

Das Strafgesetzbuch beinhaltet aber nicht alle Straftatbestände, verschiedene Delikte werden auch in anderen Gesetzen geregelt. Steuerdelikte sind zum Beispiel in der Abgabenordnung enthalten, Verkehrsdelikte im Straßenverkehrsgesetz und Rauschgiftdelikte im Betäubungsmittelgesetz.[30]

5. Fazit

Das wichtigste Rechtsgebiet in Deutschland herauszufinden war das Ziel der vorliegenden Arbeit. Die Tatsache, dass das Strafgesetzbuch sowohl mit dem Zivilrecht als auch dem Öffentlichen Recht zugeordnet werden kann, stellt ein erstes Problem dar. Unser heutiges Strafrecht war früher in erster Linie Privatstrafrecht und die Verfolgung lag in der Hand der Geschädigten. Selbst das berühmteste Gesetzeswerk der Römerzeit, der Codex Iustinianus

---

[28] Vgl. Strafgesetzbuch, (2009). 47. Auflage, Seite XXIII
[29] Vgl. Strafgesetzbuch, (2009). 47. Auflage, Seite 1-12
[30] Vgl. http://de.wikipedia.org/wiki/Strafgesetzbuch_(Deutschland)

bestand aus 12 Büchern, die das Staats-, Privat-, Straf- und Verwaltungsrecht in einem Gesetz zusammenfasste.[31]

Die weit zurückgehende Geschichte und die starke Verankerung der Gesetze untereinander zeigt, dass es nicht möglich ist das wichtigste Gesetz zu finden. Jedes Gesetz ist für sich wichtig und regelt ein anderes Rechtsgebiet. Würde man ein Rechtsgebiet außer Kraft setzen, hätte unsere gesamte Ordnung eine Lücke.

---

[31] Vgl. Arbeitsfolie Rechtsgeschichte II, Herr Dr. Böh

6. Literaturverzeichnis

1. Bundesverfassungsgericht (2010): Aufgaben des Bundesverfassungsgericht. Online: (http://www.bundesverfassungsgericht.de/organisation/aufgaben.html), Abruf 10.12.2010

2. Bürgerliches Gesetzbuch, (2010). 66. Auflage Nördlingen: Beck Texte im dtv

3. Der Weg (2010): Die Entstehung des Grundgesetzes. Online: (http://www.derweg.org/deutschland/geschichte/grundgesetz.html), Abruf 7.12.2010

4. Fachhochschule für angewandtes Management Erding (2004-2008): Einführung in das Recht und in das Studium Wirtschaftsrecht, Rechtshistorische Einführung, Folie Rechtsgeschichte II. Online: (http://elearning.fham.de/moodle/mod/resource/view.php?id=280973) Abruf 14.12.2010

5. Fachhochschule für angewandtes Management Erding (2004-2008): Einführung in das Recht und in das Studium Wirtschaftsrecht, Überblick über das Hauptrechtsgebiet „Strafrecht", Folie Strafrecht. Online: (http://elearning.fham.de/moodle/mod/resource/view.php?id=280981), Abruf 14.12.2010

6. Grundgesetz, (2010). 42. Auflage Nördlingen: Beck Texte im dtv

7. Strafgesetzbuch (2009). 47. Auflage Nördlingen: Beck Texte im dtv

8. Van Vliet: Zur Entstehung des BGB. Online: (http://www.vanvliet.de/bgbentst.htm) Abruf 7.12.2010

9. Wikipedia: Bürgerliches Gesetzbuch. Online: (http://de.wikipedia.org/wiki/B%C3%BCrgerliches_Gesetzbuch) Abruf 11.12.2010

10. Wikipedia: Öffentliches Recht. Online: (http://de.wikipedia.org/wiki/%C3%96ffentliches_Recht) Abruf 7.12.2010

11. Wikipedia: Strafgesetzbuch Deutschland. Online: (http://de.wikipedia.org/wiki/Strafgesetzbuch_(Deutschland)) Abruf 14.12.2010

7. Abbildungsverzeichnis

1. Abbildung: Wikipedia, (2010). Online:
http://de.wikipedia.org/wiki/Grundgesetz_f%C3%BCr_die_Bundesrepublik_Deutschland
Abruf: 07.12.2010